그곳이 참하 꿈엔들 잊힐 리야

한 국 대 표
명 시 선
100

정 지 용

그곳이 참하 꿈엔들 잊힐 리야

시인생각

■ **차 례** ──────── 그곳이 참하 꿈엔들 잊힐 리야

시인의 말

1

산너머 저쪽　11
카페 프란스　12
향수鄕愁　14
해바라기 씨　16
풍랑몽 1　18
풍랑몽 2　20
오월 소식　21
호수 1　22
호수 2　23
백록담白鹿潭　24

한국대표명시선100 정 지 용

2

장수산長壽山 1　29

장수산長壽山 2　30

춘설春雪　31

별 2　32

난초　35

유리창 1　36

유리창 2　37

비로봉毘盧峰 2　38

옥류동玉流洞　40

구성동九城洞　42

3

산에서 온 새　45

산엣 색시 들녘 사내　46

산소　48

고향　49

석류　50

가모가와(鴨川)　51

바다 6　52

바다 9　54

엽서에 쓴 글　56

불사조　57

임종　58

4

갈릴레아 바다   61

갑판 우   62

새빨간 기관차   64

발열發熱   65

절정絶頂   66

저녁 해ㅅ살   67

따알리아   68

홍춘紅椿   69

별똥   70

슬픈 인상화   71

바다 1   72

5

아침　75

시계를 죽임　76

해협　78

또 하나 다른 태양　79

비　80

폭포　82

조찬朝餐　84

진달래　85

소곡小曲　86

호랑나비　88

발문_1934년 10월 『정지용 시집』・박용철　89
정지용 연보　90

1

산 너머 저쪽

산 너머 저쪽에는
누가 사나?

뻐꾸기 영 우에서
한나절 울음 운다.

산 너머 저쪽에는
누가 사나?

철나무 치는 소리만
서로 맞어 쩌 르 렁!

산 너머 저쪽에는
누가 사나?

늘 오던 바늘장수도
이 봄 들며 아니 뵈네.

카페 프란스

옮겨다 심은 종려나무 밑에
비뚜로 선 장명등長明燈,
카페 프란스에 가자.

이놈은 루바쉬카
또 한 놈은 보헤미안 넥타이
비쩍 마른 놈이 앞장을 섰다.

밤비는 뱀눈처럼 가는데
페이브먼트에 흐느끼는 불빛
카페 프란스에 가자.

이놈의 머리는 비뚤은 능금
또 한 놈의 심장은 벌레 먹은 장미
제비처럼 젖은 놈이 뛰어간다.

"오오 패롤(鸚鵡) 서방! 굿 이브닝!"

"굿 이브닝!"(이 친구 어떠하시오?)

울금향鬱金香 아가씨는 이 밤에도
갱사更紗 커튼 밑에서 조시는구려!

나는 자작子爵의 아들도 아무것도 아니란다.
남달리 손이 희어서 슬프구나!

나는 나라도 집도 없단다
대리석 테이블에 닿는 내 뺨이 슬프구나!

오오, 이국종異國種 강아지야
내 발을 빨어다오.
내 발을 빨어다오.

향수鄕愁

넓은 벌 동쪽 끝으로
옛이야기 지줄대는 실개천이 휘돌아 나가고,
얼룩백이 황소가
해설피 금빛 게으른 울음을 우는 곳,

―그곳이 참하 꿈엔들 잊힐 리야.

질화로에 재가 식어지면
뷔인 밭에 밤바람 소리 말을 달리고,
엷은 졸음에 겨운 늙으신 아버지가
짚벼개를 돋아 고이시는 곳,

―그곳이 참하 꿈엔들 잊힐 리야.

흙에서 자란 내 마음
파아란 하늘빛이 그립어
함부로 쏜 화살을 찾으러
풀섶 이슬에 함초롬 휘적시든 곳,

―그곳이 참하 꿈엔들 잊힐 리야.

전설바다에 춤추는 밤물결 같은
검은 귀밑머리 날리는 어린 누이와
아무렇지도 않고 예쁠 것도 없는
사철 발 벗은 안해가
따가운 햇살을 등에 지고 이삭 줏던 곳,

―그곳이 참하 꿈엔들 잊힐 리야.

하늘에는 성근 별
알 수도 없는 모래성으로 발을 옮기고,
서리 까마귀 우지짖고 지나가는 초라한 집웅,
흐릿한 불빛에 돌아 앉어 도란도란거리는 곳,

―그곳이 참하 꿈엔들 잊힐 리야.

해바라기 씨

해바라기 씨를 심자.
담모퉁이 참새 눈 숨기고
해바라기 씨를 심자.

누나가 손으로 다지고 나면
바둑이가 앞발로 다지고
괭이가 꼬리로 다진다.

우리가 눈 감고 한 밤 자고 나면
이슬이 나려와 같이 자고 가고,

우리가 이웃에 간 동안에
햇빛이 입 맞추고 가고,

해바라기는 첫 시악시인데
사흘이 지나도 부끄러워
고개를 아니 든다.

가만히 엿보러 왔다가
소리를 깩! 지르고 간 놈이—
오오, 사철나무 잎에 숨은
청개고리 고놈이다.

풍랑몽 1

당신께서 오신다니
당신은 어찌나 오시랴십니가.

끝없는 울음바다를 안으올 때
포도빛 밤이 밀려오듯이,
그 모양으로 오시랴십니가.

당신께서 오신다니
당신은 어찌나 오시랴십니가.

물 건너 외딴 섬, 은회색 거인이
바람 사나운 날, 덮쳐 오듯이,
그 모양으로 오시랴십니가.

당신께서 오신다니
당신은 어찌나 오시랴십니가.

창밖에는 참새 떼 눈초리 무거웁고
창안에는 시름겨워 턱을 고일 때,
은고리 같은 새벽달

부끄럼성스런 낯가림을 벗듯이,
그 모양으로 오시랴십니가.

외로운 졸음, 풍랑에 어리울 때
앞 포구에는 궂은비 자욱히 들리고
행선배 북이 웁니다, 북이 웁니다.

풍랑몽 2

바람은 이렇게 몹시도 부옵는데
저 달 영원의 등화!
꺼질 법도 아니하옵거니,
엊저녁 풍랑 우에 님 실려 보내고
아닌 밤중 무서운 꿈에 소스라쳐 깨옵니다.

오월 소식

오동나무 꽃으로 불 밝힌 이곳 첫여름이 그립지 아니한가?
어린 나그네 꿈이 시시로 파랑새가 되어 오려니.
나무 밑으로 가나 책상 턱에 이마를 고일 때나,
네가 남기고 간 기억만이 소근소근거리는구나.

모초롬만에 날러온 소식에 반가운 마음이 울렁거리어
가여운 글자마다 먼 황해가 남설거리나니.

……나는 갈매기 같은 종선을 한창 치달리고 있다……

쾌활한 오월 넥타이가 내처 난데없는 순풍이 되어,
하늘과 딱 닿은 푸른 물결 우에 솟은,
외따른 섬 로만틱을 찾어갈가나.

일본말과 아라비아 글씨를 알으키러 간
쬐그만 이 페스탈로치야, 꾀꼬리 같은 선생님이야,
날마다 밤마다 섬 둘레가 근심스런 풍랑에 씹히는가 하노니,
은은히 밀려오는 듯 머얼리 우는 오르간 소리……

호수 1

얼골 하나야
손바닥 둘로
폭 가리지만,

보고 싶은 마음
호수만 하니
눈 감을밖에.

호수 2

오리 모가지는
호수를 감는다.

오리 모가지는
자꼬 간지러워.

백록담白鹿潭

1

절정에 가까울수록 뻑국채꽃 키가 점점 소모된다. 한마루 오르면 허리가 스러지고 다시 한 마루 우에서 모가지가 없고 나종에는 얼골만 갸옷 내다본다. 화문花紋처럼 판박힌다. 바람이 차기가 함경도 끝과 맞서는 데서 뻑국채 키는 아조 없어지고도 팔월 한철엔 흩어진 성신星辰처럼 난만하다. 산 그림자 어둑어둑하면 그러지 않어도 뻑국채 꽃밭에서 별들이 켜든다. 제자리에서 별이 옮긴다. 나는 여기서 기진했다.

2

암고란巖古蘭, 환약같이 어여쁜 열매로 목을 축이고 살어 일어섰다.

3

백화白樺 옆에서 백화가 촉루髑髏가 되기까지 산다. 내가 죽어 백화처럼 흴 것이 숭없지 않다.

4

귀신도 쓸쓸하여 살지 않는 한모롱이, 도체비꽃이 낮에도 혼자 무서워 파랗게 질린다.

5

바야흐로 해발 육천 척 우에서 마소가 사람을 대수롭게 아니 여기고 산다. 말이 말끼리 소가 소끼리, 망아지가 어미 소를 송아지가 어미 말을 따르다가 이내 헤어진다.

6

첫 새끼를 낳노라고 암소가 몹시 혼이 났다. 얼결에 산길 백 리를 돌아 서귀포로 달아났다. 물도 마르기 전에 어미를 여읜 송아지는 움매-움매- 울었다. 말을 보고도 등산객을 보고도 마구 매어달렸다. 우리 새끼들도 모색毛色이 다른 어미한테 맡길 것을 나는 울었다.

7

풍란이 풍기는 향기, 꾀꼬리 서로 부르는 소리, 제주회파람새 회파람 부는 소리, 돌에 물이 따로 구르는 소리, 먼 데서 바다가 구길 때 쏴-쏴- 솔소리, 물푸레 동백 떡갈나무 속에서 나는 길을 잘못 들었다가 다시 측넌출 기여간 흰돌바기 고부랑길로 나섰다. 문득 마주친 아롱점말이 피하지 않는다.

8

고비 고사리 더덕순 도라지꽃 취 삭갓나물 대풀 석용石茸 별과 같은 방울을 달은 고산식물을 새기며 취하며 자며 한다. 백록담 조찰한 물을 그리어 산맥 우에서 짓는 행렬이 구름보다 장엄하다. 소나기 놋낫 맞으며 무지개에 말리우며 궁둥이에 꽃물 이겨 붙인 채로 살이 붓는다.

9

가재도 기지 않는 백록담 푸른 물에 하늘이 돈다. 불구에 가깝도록 고단한 나의 다리를 돌아 소가 갔다. 쫓겨온 실구름 일말一抹에도 백록담은 흐리운다. 나의 얼골에 한나잘 포긴 백록담은 쓸쓸하다. 나는 깨다 졸다 기도조차 잊었더니라.

2

장수산長壽山 1

　벌목정정伐木丁丁 이랬거니 아람도리 큰 솔이 베혀짐즉도 하이. 골이 울어 멩아리 소리 쩌르렁 돌아옴즉도 하이 다람쥐도 좇지 않고 묏새도 울지 않어 깊은 산 고요가 차라리 뼈를 저리 우는데 눈과 밤이 조히보담 희고녀! 달도 보름을 기달려 흰 뜻은 한밤 이골을 걸음이랸다? 웃절 중이 여섯 판에 여섯 번 지고 웃고 올라간 뒤 조찰히 늙은 사나이의 남긴 내음새를 줏는다? 시름은 바람도 일지 않는 고요에 심히 흔들리우노니 오오 견디랸다. 차고 올연兀然히 슬픔도 꿈도 없이 장수산 속 겨울 한밤 내…….

장수산長壽山 2

풀도 떨지 않는 돌산이오 돌도 한 덩이로 열두 골을 고비고비 돌았세라 찬 하눌이 골마다 따로 씨우었고 얼음이 굳이 얼어 드딤돌이 믿음즉 하이. 꿩이 기고 곰이 밟은 자옥에 나의 발도 놓이노니 물소리 뀌또리처럼 직직하놋다 피락마락하는 해살에 눈 우에 눈이 가리어 앉다 흰시울 알에 흰시울이 눌리워 숨쉬는다 온산중 나려앉는 획진 시울들이 다치지 안히! 나도 내더져 앉다. 일즉이 진달래 꽃그림자에 붉었던 절벽 보이한 자리 우에!

춘설春雪

문 열자 선뜩! 뚝 듯 듯
먼 산이 이마에 차라.

우수절雨水節 들어
바로 초하로 아침,

새삼스레 눈이 덮힌 뫼뿌리와
서늘옵고 빛난 이마받이 하다.

얼음 금가고 바람 새로 따르거니
흰 옷고롬 절로 향기롭어라.

옹숭거리고 살어난 양이
아아 꿈 같기에 설어라.

미나리 파릇한 새순 돋고
옴짓 아니 기던 고기입이 오믈거리는,

꽃 피기 전 철 아닌 눈에
핫옷 벗고 도로 칩고 싶어라.

별 2

창을 열고 눕다.
창을 열어야 하늘이 들어오기에.

벗었던 안경을 다시 쓰다.
일식이 개이고 난 날 밤 별이 더욱 푸르다.

별을 잔치하는 밤
흰옷과 흰자리로 단속한다.

세상에 안해와 사랑이란
별에서 치면 지저분한 보금자리,

돌아누워 별에서 별까지
해도海圖 없이 항해하다.

별도 포기포기 솟았기에
그중 하나는 더 획지고

하나는 갓 낳은 양
여릿여릿 빛나고

하나는 발열하야
붉고 떨고

바람엔 별도 쓰리다
회회 돌아 살아나는 촉불!

찬물에 씻기여
사금을 흘리는 은하!

마스트 알로 섬들이 항시 달려왔었고
별들은 우리 눈썹 기슭에 아스름 항구가 그립다.

대웅성좌大雄星座가
기웃이 도는데!

청려淸麗한 하늘의 비극에
우리는 숨소리까지 삼가다.

이유는 저 세상에 있을지도 몰라
우리는 제마다 눈감기 싫은 밤이 있다.

잠재기 노래 없이도
잠이 들다.

난초

난초닢은
차라리 수묵색.

난초닢에
엷은 안개와 꿈이 오다.

난초닢은
한밤에 여는 다문 입술이 있다.

난초닢은
별빛에 눈떴다 돌아눕다.

난초닢은
드러난 팔구비를 어쩌지 못한다.

난초닢에
적은 바람이 오다.

난초닢은
칩다.

유리창 1

유리에 차고 슬픈 것이 어린거린다.
열없이 붙어 서서 입김을 흐리우니
길들은 양 언 날개를 파다거린다.
지우고 보고 지우고 보아도
새까만 밤이 밀려 나가고 밀려와 부딪히고,
물 먹은 별이, 반짝, 보석처럼 백힌다.
밤에 홀로 유리를 닦는 것은
외로운 황홀한 심사이어니,
고운 폐혈관이 찢어진 채로
아아, 늬는 산ㅅ새처럼 날러갔구나!

유리창 2

내어다 보니
아주 캄캄한 밤,
어험스런 뜰앞 잣나무가 자꼬 커올라간다.
돌아서서 자리로 갔다.
나는 목이 마르다.
또, 가까이 가
유리를 입으로 쫏다.
아아, 항 안에 든 금붕어처럼 갑갑하다.
별도 없다, 물도 없다, 쉬파람 부는 밤.
소중기선小蒸氣船처럼 흔들리는 창.
투명한 보라ㅅ빛 누뤼알 아,
이 알몸을 끄집어내라, 때려라, 부릇내라.

나는 열이 오른다.
뺨은 차라리 연정스레히
유리에 부빈다. 차디찬 입맞춤을 마신다.
쓰라리, 알연히, 그싯는 음향 —
머언 꽃!
도회에는 고운 화재가 오른다.

비로봉毘盧峰 2

담장이
물들고,

다람쥐 꼬리
숱이 짙다.

산맥 우의
가을ㅅ길……

이마바르히
해도 향그롭어

지팽이
자진 마짐

흰들이
우놋다.

백화白樺 훌훌
허울 벗고,

꽃 옆에 자고
이는 구름,

바람에
아시우다.

옥류동 玉流洞

골에 하늘이
따로 트이고,

폭포 소리 하잔히
봄우뢰를 울다.

날가지 겹겹이
모란꽃잎 포기이는 듯.

자위 돌아 사폿 질ㅅ듯
위태로이 솟은 봉오리들.

골이 속 속 접히어 들어
이내가 새포름 서그러거리는 숫도림.

꽃가루 묻힌 양 날러올라
나래 떠는 해.

보랏빛 해ㅅ살이
폭 지어 빗겨 걸치이매,

기슭에 약초들의
소란한 호흡!

들새도 날러들지 않고
신비가 한껏 저자 선 한낮.

물도 젖여지지 않어
흰돌 우에 따로 구르고,

닥어 스미는 향기에
길초마다 옷깃이 매워라.

귀또리도
흠식한 양

옴짓
아니 긴다.

구성동九城洞

골짝에는 흔히
유성이 묻힌다.

황혼에
누뤼가 소란히 싸이기도 하고,

꽃도
귀향 사는 곳,

절터ㅅ드랬는데
바람도 모이지 않고

산 그림자 설핏하면
사슴이 일어나 등을 넘어간다.

3

산에서 온 새

새삼나무 싹이 튼 담 우에
산에서 온 새가 울음 운다.

산엣 새는 파랑치마 입고.
산엣 새는 빨강모자 쓰고.

눈에 아름아름 보고 지고.
발 벗고 간 누이 보고 지고.

따순 봄날 이른 아침부터
산에서 온 새가 울음 운다.

산엣 색시 들녘 사내

산엣 새는 산으로,
들녘 새는 들로.
산엣 색시 잡으러
산에 가세.

작은 재를 넘어서서,
큰 봉엘 올라서서,

"호―이"
"호―이"

산엣 색시 날래기가
표범 같다.

치달려 달아나는
산엣 색시,
활을 쏘아 잡었읍나?

아아니다,
들녘 사내 잡은 손은
차마 못 놓더라.

산엣 색시,
들녘 쌀을 먹였더니
산엣 말을 잊었읍데.

들녘 마당에
밤이 들어,

활활 타오르는 화투불 너머로
넘어다보며―

들녘 사내 선웃음 소리
산엣 색시
얼골 와락 붉었더라.

산소

서낭산ㅅ골 시오리 뒤로 두고
어린 누이 산소를 묻고 왔오.
해마다 봄ㅅ바람 불어를 오면,
나드리 간 집새 찾어가라고
남먼히 피는 꽃을 심고 왔오.

고향

고향에 고향에 돌아와도
그리던 고향은 아니러뇨

산꿩이 알을 품고
뻐꾸기 제철에 울건만,

마음은 제 고향 지니지 않고
머언 항구로 떠도는 구름.

오늘도 메 끝에 홀로 오르니
흰점 꽃이 인정스레 웃고,

어린 시절에 불던 풀피리 소리 아니 나고
메마른 입술에 쓰디쓰다.

고향에 고향에 돌아와도
그리던 하늘만이 높푸르구나.

석류

장미꽃처럼 곱게 피어 가는 화로에 숯불,
입춘 때 밤은 마른 풀 사르는 냄새가 난다.

한겨울 지난 석류 열매를 쪼개어
홍보석 같은 알을 한 알 두 알 맛보노니,

투명한 옛 생각, 새론 시름의 무지개여,
금붕어처럼 어린 여릿여릿한 느낌이여.

이 열매는 지난 해 시월 상달, 우리 둘의
조그마한 이야기가 비롯될 때 익은 것이어니.

작은 아씨야, 가녀린 동무야, 남몰래 깃들인
네 가슴에 졸음 조는 옥토끼가 한 쌍.

옛 못 속에 헤엄치는 흰 고기의 손가락, 손가락,
외롭게 가볍게 스스로 떠는 은실, 은실,

아아 석류알을 알알이 비추어 보며
신라 천년의 푸른 하늘을 꿈꾸노니.

가모가와(鴨川)*

가모가와 십 리ㅅ벌에
해는 저물어…… 저물어……

날이 날마다 님 보내기
목이 자졌다…… 여울 목소리……

찬 모래알 쥐여 짜는 찬 사람의 마음,
쥐여 짜라. 바시여라. 시원치도 않어라.

역구풀 우거진 보금자리
뜸북이 홀어멈 울음 울고,

제비 한 쌍 떠ㅅ다,
비맞이 춤을 추어,

수박 냄새 품어오는 저녁 물바람.
오량쥬 껍질 씹는 젊은 나그네의 시름.

가모가와 십리ㅅ벌에
해가 저물어…… 저물어……

  *) 일본 교토(京都)에 있는 강 이름.

바다 6

고래가 이제 횡단한 뒤
해협이 천막처럼 퍼덕이오.

……흰물결 피어오르는 아래로 바둑돌 자꼬자꼬 나려가고,

은방울 날리듯 떠오르는 바다종달새……

한나잘 노려보오 훔켜잡어 고 빩안살 뻐스랴고.

　　*

미역닢새 향기한 바위틈에
진달래꽃빛 조개가 해ㅅ살 쪼이고,

청제비 제날개에 미끄러져 도―네
유리판 같은 하늘에.
바다는―속속 드리 보이오,
청대ㅅ닢처럼 푸른
바다

봄

　*

꽃봉오리 줄등 켜듯한
조그만 산으로—하고 있을까요.

솔나무 대나무
다옥한 수풀로—하고 있을까요.

노랑 검정 알롱달롱한
블랑키트 두르고 쪼그린 호랑이로—하고 있을까요.

당신은 '이러한 풍경'을 데불고
흰 연기 같은
바다
멀리 멀리 항해합쇼.

바다 9

바다는 뿔뿔이
달어날랴고 했다.

푸른 도마뱀 떼같이
재재발렀다.

꼬리가 이루
잡히지 않었다.

흰 발톱에 찢긴
산호보다 붉고 슬픈 생채기!

가까스루 몰아다 부치고
변죽을 둘러 손질하여 물기를 시쳤다.

이 애쓴 해도海圖에
손을 씻고 떼었다.

찰찰 넘치도록
돌돌 굴르도록

희동그란히 받쳐 들었다!
지구는 연잎인 양 오므라들고…… 펴고…….

엽서에 쓴 글

나비가 한 마리 날러들어온 양 하고
이 종이ㅅ장에 불빛을 돌려대 보시압.
제대로 한동안 파다거리오리다.
—대수롭지도 않은 산목숨과도 같이.
그러나 당신의 열적은 오라범 하나가
먼데 가까운데 가운데 불을 헤이며 헤이며
찬비에 함추름 휘적시고 왔오.
—스럽지도 않은 이야기와도 같이.
누나, 검은 이 밤이 다 희도록
참한 뮤-쓰처럼 쥬무시압.
해발 이천 피이트 산봉우리 우에서
이제 바람이 나려옵니다.

불사조

비애! 너는 모양할 수도 없도다.
너는 나의 가장 안에서 살았도다.

너는 박힌 화살, 날지 않는 새,
나는 너의 슬픈 울음과 아픈 몸짓을 지니노라.

너를 돌려보낼 아모 이웃도 찾지 못하였노라.
은밀히 이르노니— '행복'이 너를 아조 싫여하더라.

너는 짐짓 나의 심장을 차지하였더뇨?
비애! 오오 나의 신부! 너를 위하야 나의 창과 웃음을 닫었노라.

이제 나의 청춘이 다한 어느날 너는 죽었도다.
그러나 너를 묻은 아모 석문石門도 보지 못하였노라.

스사로 불탄 자리에서 나래를 펴는
오오 비애! 너의 불사조 나의 눈물이여!

임종

나의 임종하는 밤은
귀또리 하나도 울지 말라.

나종 죄를 들으신 신부神父는
거룩한 산파처럼 나의 영혼을 갈르시라.

성모취결례聖母就潔禮 미사 때 쓰고 남은 황촉불!

담머리에 숙인 해바라기 꽃과 함께
다른 세상의 태양을 사모하여 돌으라.

영원한 나그네ㅅ길 노자로 오시는
성주 예수의 쓰신 원광!
나의 영혼에 칠색七色의 무지개를 심으시라.

나의 평생이오
사랑의 백금 도가니에 불이 되라.

달고 달으신 성모의 이름 부르기에
나의 입술을 타게 하라

4

갈릴레아 바다

나의 가슴은
조그만 '갈릴레아 바다'.

때 없이 설레는 파도는
미美한 풍경을 이룰 수 없도다.

예전에 문제들은
잠자시는 주를 깨웠도다.

주를 다만 깨움으로
그들의 신덕은 복되도다.

돛폭은 다시 펴고
키는 방향을 찾았도다.

오늘도 나의 조그만 '갈릴레아'에서
주는 짐짓 잠자신 줄을——.

바람과 바다가 잠잠한 후에야
나의 탄식은 깨달았도다.

갑판 우

나지익 한 하늘은 백금빛으로 빛나고
물결은 유리판처럼 부서지며 끓어오른다.
동글동글 굴러오는 짠바람에 뺨마다 고은 피가 고이고
배는 화려한 김승처럼 짓으며 달려나간다.
문득 앞을 가리는 검은 해적 같은 외딴섬이
흩어져 날으는 갈매기 떼 날개 뒤로 문짓문짓 물러나가고,
어디로 돌아다보든지 하이얀 큰 팔구비에 안기여
지구덩이가 동그랗다는 것이 길겁구나.
넥타이는 시원스럽게 날리고 서로 기대 슨 어깨에 유월 별이 스며들고
한없이 나가는 눈ㅅ길은 수평선 저쪽까지 기폭처럼 퍼덕인다.

바다 바람이 그대 머리에 아른대는구료,
그대 머리는 슬픈 듯 하늘거리고.

바다 바람이 그대 치마폭에 니치대는구료,
그대 치마는 부끄러운 듯 나부끼고.

그대는 바람보고 꾸짖는구료.

별안간 뛰여들삼어도 설마 죽을라구요
빠나나 껍질로 바다를 놀려대노니,

젊은 마음 꼬이는 구비도는 물구비
둘이 함께 굽어보며 가비얍게 웃노니.

새빨간 기관차

느으릿 느으릿 한눈파는 겨를에
사랑이 수이 알어질가도 싶구나.
어린아이야, 달려가자.
두 뺨에 피여오른 어여쁜 불이
일즉 꺼져버리면 어찌 하자니?
줄달음질 쳐 가자.
바람은 휘잉. 휘잉.
만틀 자락에 몸이 떠오를 듯.
눈보라는 풀. 풀.
붕어새끼 꾀여내는 모이 같다.
어린아이야, 아무것도 모르는
새빨간 기관차처럼 달려가자!

발열 發熱

처마 끝에 서린 연기 따러
포도 순이 기여 나가는 밤, 소리 없이,
가믈음 땅에 스며든 더운 김이
등에 서리나니, 훈훈히,
아아, 이 애 몸이 또 달어오르노나.
가쁜 숨결을 드내쉬노니, 박나비처럼,
가녀린 머리, 주사 찍은 자리에, 입술을 붙이고
나는 중얼거리다, 나는 중얼거리다,
부끄러운 줄도 모르는 다신교도와도 같이.
아아, 이 애가 애자지게 보채노나!
불도 약도 달도 없는 밤,
아득한 하늘에는
별들이 참벌 날으듯 하여라.

절정絶頂

서벽石壁에는
주사朱砂가 찍혀 있오.
이슬 같은 물이 흐르오.
나래 붉은 새가
위태한데 앉어 따먹으오.
산포도 순이 지나갔소.
향그런 꽃뱀이
고원高原 꿈에 옴치고 있오.
거대한 죽엄 같은 장엄한 이마,
기후조氣候鳥가 첫 번 돌아오는 곳,
상현달이 사러지는 곳,
쌍무지개 다리 드디는 곳,
아래서 볼 때 오리온성좌와 키가 나란하오.
나는 이제 상상봉에 섰오.
별만한 흰꽃이 하늘대오.
민들레 같은 두 다리 간조롱해지오.
해 솟아오르는 동해——
바람에 향하는 먼 기폭처럼
뺨에 나부끼오.

저녁 해ㅅ살

불 피어오르듯 하는 술
한숨에 키여도 아아 배고파라.

수저븐 듯 놓인 유리컵
바쟉바쟉 씹는 대로 배고프리.

네 눈은 고만高慢스런 흑黑단초,
네 입술은 서운한 가을철 수박 한 점.

빨어도 빨어도 배고프리.

술집 창문에 붉은 저녁 해ㅅ살
연연하게 탄다, 아아 배고파라.

따알리아

가을볕 째앵 하게
내려쪼이는 잔디밭.

함빡 피어난 따알리아.
한낮에 함빡 핀 따알리아.

시약시야, 네 살빛도
익을 대로 익었구나.

젖가슴과 부끄럼성이
익을 대로 익었구나.

시약시야, 순하디순하여다오.
암사심처럼 뛰여 다녀보아라.

물오리 떠돌아다니는
흰 못물 같은 하늘 밑에,

함빡 피어나온 따알리아.
피다 못해 터져 나오는 따알리아.

홍춘紅椿

춘椿나무 꽃 피 뱉은 듯 붉게 타고
더딘 봄날 반은 기울어
물방아 시름없이 돌아간다.

어린아이들 제 춤에 뜻 없는 노래를 부르고
솜병아리 양지쪽에 모이를 가리고 있다.

아지랑이 졸음조는 마을길에 고달퍼
아름아름 알어질 일도 몰라서
여윈 볼만 만지고 돌아오노니.

별똥

별똥 떨어진 곳,
마음해 두었다
다음날 가보려,
벼르다 벼르다
인젠 다 자랐오.

슬픈 인상화

수박냄새 품어 오는
첫여름의 저녁 때…….

먼 해안 쪽
길옆 나무에 늘어 슨
전등. 전등.
헤엄쳐 나온 듯이 깜박어리고 빛나노나.

침울하게 울려오는
축항築港의 기적소리…… 기적소리……
이국정조異國情調로 퍼덕이는
세관의 기스발. 기스발.

세멘트 깐 인도 측으로 사폿사폿 옮기는
하이얀 양장의 점경!

그는 흘러가는 실심失心한 풍경이여니…….
부질없이 오량쥬 껍질 씹는 시름…….

아아, 애시리愛施利·황黃
그대는 상해上海로 가는구료.

바다 1

오·오·오·오·오·소리치며 달려가니
오·오·오·오·오·연달어서 몰아온다.

간밤에 잠 살포시
머언 뇌성이 울더니,

오늘 아침 바다는
포도빛으로 부풀어졌다.

철석, 처얼석, 철석, 처얼석, 철석,
제비 날어들듯 물결 새이새이로 춤을 추어.

5

아침

프로펠러 소리…….
선연한 커—브를 돌아나갔다.

쾌청! 짙푸른 유월 도시는 한 층계 더 자랐다.

나는 어깨를 골르다.
하품…. 목을 뽑다.
붉은 수탉모양 하고
피여오르는 분수를 물었다…… 뿜었다…….
해ㅅ살이 함빡 백공작의 꼬리를 폈다.

수련垂蓮이 화판花瓣을 폈다.
오므라쳤던 잎새. 잎새. 잎새.
방울방울 수은을 바쳤다.
아아 유방처럼 솟아오른 수면!
바람이 굴고 게우가 미끄러지고 하늘이 돈다.

좋은 아침——
나는 탐하듯이 호흡하다.
때는 구김살 없는 흰돛을 달다.

시계를 죽임

한밤에 벽시계는 불길한 탁목조啄木鳥!
나의 뇌수를 미신 바늘처럼 쫒다.

일어나 쫑알거리는 '시간'을 비틀어 죽이다.
잔인한 손아귀에 감기는 가냘핀 목아지여!

오늘은 열 시간 일하였노라.
피로한 이지理智는 그대로 치차齒車를 돌리다.

나의 생활은 일절 분노를 잊었노라.
유리 안에 설레는 검은 곰인 양 하품한다.

꿈과 같은 이야기를 꿈에도 아니 하랸다.
필요하다면 눈물도 제조할 뿐!

어쨌던 정각에 꼭 수면하는 것이
고상한 무표정이오 한 취미로 하노라!

명일明日!(일자日子가 아니어도 좋은 영원한 혼례!)
 소리 없이 옮겨가는 나의 백금 체펠린의 유유한 야간 항로여!

해협

포탄으로 뚫은 듯 동그란 선창으로
눈썹까지 부풀어 오른 수평이 엿보고,

하늘이 함폭 나려앉어
크낙한 암탉처럼 품고 있다.

투명한 어족이 행렬하는 위치에
홋하게 차지한 나의 자리여!

망토 깃에 솟은 귀는 소라ㅅ속 같이
소란한 무인도의 각적角笛을 불고──

해협 오전 두 시의 고독은 오롯한 원광圓光을 쓰다.
서러울 리 없는 눈물을 소녀처럼 짓쟈.

나의 청춘은 나의 조국!
다음날 항구의 개인 날세여!

항해는 정히 연애처럼 비등하고
이제 어드매쯤 한밤의 태양이 피여오른다.

또 하나 다른 태양

온 고을이 받들만 한
장미 한 가지가 솟아난다 하기로
그래도 나는 고와 아니하련다.

나는 나의 나이와 별과 바람에도 피로웁다.

이제 태양을 금시 잃어버린다 하기로
그래도 그리 놀라울 리 없다.

실상 나는 또하나 다른 태양으로 살았다.

사랑을 위하얀 입맛도 잃는다.
외로운 사슴처럼 벙어리 되어 산길에 슬지라도——

오오, 나의 행복은 나의 성모마리아!

비

돌에
그늘이 차고,

따로 몰리는
소소리바람.

앞섰거니 하야
꼬리 치날리여 세우고,

종종 다리 까칠한
산새 걸음걸이.

여울지여
수척한 흰 물살,

갈갈이
손가락 펴고

멎은 듯
새삼 듣는 비ㅅ낯

붉은 잎 잎
소란히 밟고 간다.

폭포

산ㅅ골에서 자란 물도
돌베람빡 낭떠러지에서 겁이 났다.

눈ㅅ뎅이 옆에서 졸다가
꽃나무 알로 우정 돌아

가재가 기는 골짝
죄그만 하늘이 갑갑했다.

갑자기 호숩어질랴니
마음 조일밖에.

흰 발톱 갈갈이
앙징스레도 할퀸다.

어쨌던 너무 재재거린다.
나려질리자 쫄뼛 물도 단번에 감수했다

심심산천에 고사리ㅅ밥
모조리 졸리운 날

송화ㅅ가루
노랗게 날리네.

산수 따러온 신혼 한 쌍
앵두같이 상기했다.

돌뿌리 뾰죽 뾰죽 무척 고부라진 길이
아기자기 좋아라 왔지!

하인리히 하이네ㅅ적부터
동그란 오오 나의 태양도

겨우 끼리끼리의 발꿈치를
조롱조롱 한나잘 따러왔다.

산간에 폭포수는 암만해도 무서워서
기염기염 기며 나린다.

조찬朝餐

해ㅅ살 피여
이윽한 후,

머흘 머흘
골을 옮기는 구름.

길경桔梗 꽃봉오리
흔들려 씻기우고.

차돌부터
촉 촉 죽순 돋듯.

물소리에
이가 시리다.

앉음새 갈히여
양지쪽에 쪼그리고,

서러운 새 되어
흰 밥알을 쫏다.

진달래

　한골에서 비를 보고 한골에서 바람을 보다 한골에 그늘 딴골에 양지 따로따로 갈어 밟다 무지개 해ㅅ살에 빗걸린 골 산벌떼 두름박지어 위잉위잉 두르는 골 잡목 수풀 누룻 붉웃 어우러진 속에 감초혀 낮잠 듭신 칡범 냄새 가장자리를 돌아 어마어마 기여 살어 나온 골 상봉에 올라 별보다 깨끗한 돌을 드니 백화白樺가지 우에 하도 푸른 하늘…… 포르르 풀매…… 온산중 홍엽紅葉이 수런수런거린다 아래ㅅ절 불켜지 않은 장방에 들어 목침을 달쿠어 발바닥 꼬아리를 슴슴 지지며 그제사 범의 욕을 그놈 저놈하고 이내 누웠다 바로 머리맡에 물소리 흘리며 어느 한곬으로 빠져나가다가 난데없는 철 아닌 진달래 꽃사태를 만나 나는 만신萬身을 붉히고 서다.

소곡小曲

물새도 잠들어 깃을 사리는
이 아닌 밤에,

명수대明水臺 바위틈 진달래꽃
어찌면 타는 듯 붉으뇨

오는 물, 가는 물,
내쳐 보내고, 헤어질 물,

바람이사 애초 못믿을손,
입맞추곤 이내 옮겨가네.

해마다 제철이면
한등걸에 핀다기소니,

들새도 날러와
애닯다 눈물짓는 아침엔,

이울어 하롱하롱 지는 꽃닢,
설지 않으랴, 푸른물에 실려가기,

아깝고야, 아기자기
한창인 이 봄ㅅ밤을,

초ㅅ불 켜들고 밝히소.
아니 붉고 어찌료.

호랑나비

 화구를 메고 산을 첩첩 들어간 후 이내 종적이 묘연하다 단풍이 이울고 봉마다 찡그리고 눈이 날고 영嶺 우에 매점은 덧문 속문이 닫히고 삼동三冬내— 열리지 않았다 해를 넘어 봄이 짙도록 눈이 처마와 키가 같었다 대폭大幅 캔바스 위에는 목화송이 같은 한 떨기 지난해 흰 구름이 새로 미끄러지고 폭포 소리 차츰 불고 푸른 하늘 되돌아서 오건만 구두와 안ㅅ신이 나란히 놓인 채 연애가 비린내를 풍기기 시작했다. 그날 밤 집집 들창마다 석간에 비린내가 끼치였다. 박다薄多 태생 수수한 과부 흰 얼굴이사 회양淮陽 고성高城 사람들 끼리에도 익었건만 매점 바깥 주인된 화가는 이름조차 없고 송화가루 노랗고 뻑 뻑국 고비 고사리 고부라지고 호랑나비 쌍을 지어 훨훨 청산을 넘고.

■ 발문

  천재 있는 시인이 자기의 제작을 한 번 지나가 버린 길이요. 넘어간 책장 같이 여겨 그것을 소중히 알고 애써 모아두고 하지 않고 물 위에 떨어진 꽃잎인 듯 흘러가버리는 대로 두고자 한다 하면 그 또한 그럴듯한 심원心願이리라.
  그러나 범용한 독자란 또한 있어 이것을 인색한 사람 구슬 갈무 듯 하려하고 「다시 또 한 번」을 찾아 그것이 영원한 화병에 새겨 머물러짐을 바라기까지 한다.
  지용의 시가 처음 〈조선지광〉(1927년 2월)에 발표된 뒤로 어느덧 10년에 가까운 동안을 두고 여러 가지 간행물에 흩어져 나타났던 작품들이 이 시집에 모아지게 된 것은 우리의 독자 심원이 이루어지는 기쁜 일이다.

박 용 철

― 1934년 10월 『정지용 시집』 발문에서

정지용
연 보

1902 (1세) 5월 15일(음력) 충북 옥천군 옥천읍 하계리 40번지에서 아버지 연일 정씨 정태국鄭泰國과 어머니 하동 정씨 정미하鄭美河 사이에 독자로 태어남. 지용의 아명은 연못에서 용이 하늘로 승천하는 태몽을 꾸었다 하여 지룡池龍이었고 이 발음을 따서 본명은 지용芝溶으로 했음. 세례명은 프란시스코.

1910 (9세) 옥천공립보통학교(현재 죽향초등학교)에 들어감.

1913 (12세) 동갑인 송재숙과 결혼.

1918 (17세) 휘문고등보통학교에 입학함. 학교성적은 우수하고 집안이 어려워서 교비생校費生으로 학교를 다녔음. 이 무렵부터 문재를 나타내어 박팔양 등과 8명으로 요람동인을 만들어 동인지 <요람>을 프린트판으로 10여 호를 내었음.

1919 (18세) 3·1운동이 일어나 교내문제로 야기된 휘문사태의 주동이 되어 이선근과 함께 무기정학을 받고 1,2학기 수업을 받지 못했음. 이 해 12월 <서광> 창간호에 소설 「삼인」을 발표함. 지용의 유일한 소설이며 첫 발표작품이 됨.

1922 (21세) 휘문고등보통학교를 졸업함. 이때까지 계속 아버지의 친구 유복영의 집에서 생활함. 마포 하류 현석리에서 첫 시작품인 「풍랑몽」을 씀.

1923(22세) 휘문고보의 재학생과 졸업생이 함께하는 문우회에서 만든 <휘문> 창간호의 편집위원이 됨. 휘문고보의 교비생으로 일본 교토京都의 도시샤同志社대학 영문과에 입학함.

1926(25세) <학조> 창간호에 「카페·프란스」 등 9편의 시, <신민> <문예시대>에 「Dahlia」 「홍춘」 등 3편의 시를 발표하며 문단활동이 시작됨. 이 시기에 「뻣나무 열매」 「갈매기」 등 7편의 시를 교토와 옥천을 오가며 쓰고, <신민> <문예시대> <조선지광> <청소년> <학조>지에 「갑판우」 「향수」 등 30여 편의 시를 발표함.

1928(27세) 장남 구관 출생(음력 2월). <동지사문학> 3호에 일어시日語詩 「馬1·2」를 발표함.

1929(28세) 도시샤대학 영문학과를 졸업하고 귀국함. 그해 9월 모교인 휘문고보 영어과교사로 부임. 12월에 시 「유리창」을 씀.

1930(29세) 시문학동인으로 참가, 1930년대 시단의 중요한 위치에 서게 됨. 동인으로는 박용철, 김영랑, 이하윤 등이 있음. <조선지광> <시문학> <대조> <신소설> <신생>지에 「겨울」 「유리창」 등 20여 편의 시와 역시譯詩 「소곡(블레이크 원작)」 등 3편을 발표함.

1933 (32세) 삼남 구인 출생. 6월에 창간된 <가톨릭 청년> 지의 편집고문을 맡으며,「해협의 오후 2시」 등 8편의 시와 산문, 소묘1·2·3을 발표함.

1934 (33세) 장녀 구원 출생.

1935 (34세) 첫 시집『정지용 시집』을 시문학사에서 출간함. 거의 발표되었던 작품 89편으로 수록됨.

1936 (35세) 서대문구 북아현동으로 이사. 북아현동 자택에서 부친 돌아가심(음력 3월). <조광> <소년>지에「옥류동」「별똥이 떨어진 곳」을 발표함.

1939 (38세) 문장지의 시부문 추천위원이 되어 조지훈, 박두진, 박목월, 김종한, 이한직, 박남수 등을 등단시킴.

1941 (40세) 둘째 시집『백록담』이 문장사에서 발간됨.

1945 (44세) 해방과 함께 휘문중학교 교사직을 그만두고 이화여자전문학교(현재 이화여자대학교) 교수로 옮겨 한국어와 라틴어를 강의함.

1946 (45세) 6월에『지용시선』이 을유문화사에서 나옴. 『정지용시집』과『백록담』에서「유리창」등 25편을 지용 자신이 가려 뽑아낸 것임. 경향신문사 주간으로 옮김.

1947(46세) 경향신문사의 주간 직을 사임하고 이화여자대학교 교수로 복직. 서울대학교 문리과대학 강사로도 출강. 『시경』을 강의함.

1948(47세) 이화여자대학교를 사임하고 녹번리 초당(현재 은평구 녹번동)에서 서예를 하며 소일함.

1949(48세) 『문학독본』이 박문출판사에서, 『산문』이 동지사에서 출간됨.

1950(49세) 6·25전쟁이 일어나자 정치보위부로 끌려가 구금됨. 정인택, 김기림. 박영희 등과 서대문형무소에 수용되었다가 평양감옥으로 이감. 이광수, 계광순 등 33인이 함께 수용되었다가 그 후 폭사당한 것으로 추정.

〖한국대표명시선100〗을 펴내며

　한국 현대시 100년의 금자탑은 장엄하다. 오랜 역사와 더불어 꽃피워온 얼·말·글의 새벽을 열었고 외세의 침략으로 역경과 수난 속에서도 모국어의 활화산은 더욱 불길을 뿜어 세계문학 속에 한국시의 참모습을 드러내게 되었다.
　이 나라는 글의 나라였고 이 겨레는 시의 겨레였다. 글로 사직을 지키고 시로 살림하며 노래로 산과 물을 감싸왔다. 오늘 높아져 가는 겨레의 위상과 자존의 바탕에도 모국어의 위대한 용암이 들끓고 있음이다.
　이제 우리는 이 땅의 시인들이 척박한 시대를 피땀으로 경작해온 풍성한 시의 수확을 먼 미래의 자손들에게까지 누리고 살 양식으로 공급하는 곳간을 여는 일에 나서야 할 때임을 깨닫고 서두르는 것이다.
　일찍이 만해는 「님의 침묵」으로 빼앗긴 나라를 되찾고 잃어가는 민족정신을 일으켜 세우는 밑거름으로 삼았으며 그 기룸의 뜻은 높은 뫼로 솟아오르고 너른 바다로 뻗어 나가고 있다.
　만해가 시를 최초로 활자화한 것은 옥중시 「무궁화를 심고자」(≪개벽≫ 27호 1922. 9)였다. 만해사상실천선양회는 그 아흔 돌을 맞아 만해의 시정신을 기리는 일의 하나로 '한국대표명시선100'을 펴내게 된 것이다.
　이로써 시인들은 더욱 붓을 가다듬어 후세에 길이 남을 명편들을 낳는 일에 나서게 될 것이고, 이 겨레는 이 크나큰 모국어의 축복을 길이 가슴에 새겨나갈 것이다.

만해사상실천선양회

한국대표명시선100 | **정지용**

그곳이 참하 꿈엔들 잊힐 리야

1판1쇄 발행 2012년 11월 9일
1판3쇄 발행 2019년 5월 31일

지 은 이 정지용
뽑 은 이 만해사상실천선양회
펴 낸 이 이창섭
펴 낸 곳 시인생각
등 록 제2012-000007호(2012.7.6)
주 소 경기도 고양시 일산동구 호수로 688. A-419호
㈜10364
전 화 050-5552-2222
팩 스 (031)812-5121
이 메 일 lkb4000@hanmail.net

값 6,000원

ISBN 978-89-98047-10-8 03810

* 잘못된 책은 구입하신 서점에서 교환하여 드립니다.

※ 이 책은 만해사상실천선양회의 지원으로 간행되었습니다.